PoetryPhotographs

Kleine Heimlichkeiten

PoetryPhotographs

Kleine Heimlichkeiten

Poesie & Notizen

Bibliografische Information der Deutschen Nationalbibliothek:
Die Deutsche Nationalbibliothek verzeichnet diese Publikation in der Deutschen Nationalbibliografie; detaillierte bibliografische Daten sind im Internet über http://dnb.dnb.de abrufbar.

© 2023 Tabea Ranzinger (PoetryPhotographs)

Herstellung und Verlag: BoD – Books on Demand, Norderstedt

ISBN: 978-3-7578-0179-3

Weil die Welt mehr Liebe braucht…

KLEINE
HEIMLICHKEITEN

Liebesberührungen

Und ich will dich so gerne spüren,
deine wunderschöne Haut berühren.
Dich wahrhaftig fühlen,
wie du zitterst und vibrierst beim Lachen.
Würde dich einfach gerne überall anfassen

und dich mit Küssen bedecken.
Neben dir schlafen
und dich am liebsten nie
aus meinen Augen lassen,

denn die Welt hat mit dir
einfach einen so schönen
Menschen erschaffen.

...

In deinen Augen
sehe ich das Schimmern der Meeresbrise,
das Funkeln der Sterne
und die Endlosigkeit der Wüste
vereint.

Wald Lust

Der lichtdurchflutete Wald,
dicht genug uns zu verstecken,
licht genug uns dennoch zu entdecken.

Heimlich liegen wir am Moosgrund weich,
das grüne Blätterdach
welch fremde Blicke scheut.

Küssend will ich fort mit dir reiten,
auf in den tieferliegenden Grund,
bis ins Unendliche verzweigt.

Oh Waldeslust ich will mehr von dir,
so rein und kühl zugleich,
gibst du mir Sicherheit und Halt.

Fliesenliegen

Sanft drehen wir uns im Kreis,
deine Hände fühlen sich gut
auf meinem Körper an.

Langsam fange ich an
dich auszuziehen.
Lege meinen Kopf
auf deine Schulter.

Fühlt sich gut an,
so nah bei dir zu sein,
deinen Geruch zu inhalieren.

Unsere Münder treffen aufeinander,
sanft gleiten deine Hände weiter
streifen meine Hose runter.

Können es kaum abwarten,
nackt voreinander zu stehen
uns in aller Pracht zu sehen.

Legen uns auf die nackten Fliesen.
Ich auf dir
und du unter mir liegend,
fangen wir uns an zu lieben.

Einzigartig

Was magst du am liebsten an mir?
Alles, aber besonders schön,
finde ich deinen kleinen Leberfleck
an deinem linken Oberarm.
Denn er sieht aus wie ein kleiner Schokofleck
nur dass er nicht nach Schoko schmeckt,
sondern viel besser ist, denn er macht dich
noch einzigartiger, als du schon bist.

Vollkommen unvollkommen

Vollkommen unvollkommen
sind wir hier.
Du und ich wissen es beide,
jeder von uns ist es
auf seine Art und Weise,
doch keiner spricht es an.

Beide eine Hälfte der Kugel
zusammen unvollkommen ganz
können wir uns rollen
und haben mattschimmernden Glanz.

Sind wir menschliche Wesen
nur vollkommen ganz,
wenn wir uns als Halbkugeln finden
und für kurze Zeit verschmelzen?
Uns ineinander verflechten
und aneinanderheften?

Um als vollkommenes Ganzes
unvollkommenes zu ersetzen?

Nachtfahrt

Wir fahren zusammen
die Straße entlang.
Im Nirgendwo
hältst du plötzlich an.

Ziehst du mich raus
in die weite Welt hinaus.
Über uns strahlen die Sterne,
fernab von der Zivilisation
schaust du mir in meine Augen

und ich merke, verdammt!
Ich habe dich wirklich gerne.

Zeitstillstand

Zeitstillstand.
Ich halte den Atem an.
Um mich herum
fliegen tausend Materien.

Nächster Atemzug,
vier Lippen,
zwei Zungen
ein Aufeinandertreffen.

Spucke an Spucke.
Explosion.
Nächster Atemzug,
ein Zucken des Augenlids
Zeit verfliegt.

Ein Sommernachtsmärchen

Klappe auf, die erste.
Wir sitzen im Bett
in deiner Hand hältst du Hasch
zerbröselst es und
drehst gekonnt eine Zigarette.

Untenrum trage ich nur einen Schlüpper.
Sitze im Schneidersitz,
meine Haare sind offen.
Es ist drei Uhr nachts.

Du ziehst kräftig und
fängst dann an zu reden.
Die Rauchfetzen schweben.
So sitzen wir beinahe die ganze Nacht.

Ich fühle mich betrunken
und du bist bekifft.
Vielleicht sind wir gerade im Garten Eden,
vielleicht aber auch nicht.

Neben dir

Ich mag es neben dir zu sein.
Neben dir zu schlafen,
mit dir zu kuscheln,
einfach bei dir zu sein.
Dich zu umarmen
und dich in meinen Armen zu halten.
Neben dir fühle ich mich nicht allein.

Bettgeflüster

Unter Laken liegen
überkreuzte Beine.
Eng beieinander,
so nah.

Untrennbar.
Haut auf Haut.
Haar bei Haar.

Hitze,
Schweißperlen,
alles egal.

Enger enger
immer näher.
Ineinander verknotet,
doch immer füreinander da.

Liebesbrief

Ein Liebesbrief an dich.
Lange nicht mehr gemacht
und schon lange nicht mehr daran gedacht,

Wörter aufs Papier zu bannen,
die beschreiben, was ich alles an dir mag.
Wie ich es genieße, bei dir zu sein.
Stunden verbringen nur du und ich,
halt nur wir zu zweit.

Schriftlich festgehalten, wie toll du bist.
Egal ob mit Tinte schön verziert
oder mit Bleistift hingekritzelt.

Viel persönlicher als über WhatsApp
und den anderen Social-Media Scheiß.

Hier ist endlich der Beweis:
Liebesbrief, ich mag dich sehr!
Egal, welches Jahrhundert wir schreiben,

die Liebe auf Papier zu bannen
ist romantisch jetzt, heute, morgen,
zu jeder Zeit.

Nackt

Nackt stehst du da.
Ich sehe deinen Rücken
durch das hereinfallende Straßenlicht.

Erwartungsvoll warte ich,
bis du bereit bist
und du dich zu mir umdrehst.

Damit wir uns endlich
beide gleichwertig
gegenüberstehen.

Nackt.
Splitterfasernackt
schauen wir uns an.

Wie verletzlich wir auf einmal sind,
denn wir zeigen uns endlich,
wer wir wirklich sind.

Keinen Plan

In meinen Ohren klingt die Musik
die wir hörten noch immer nach.
Ein bisschen verloren im Universum.
Nur du und ich lagen so da.

Ineinander verknotet
auf dem ausgeklappten Sofa
aus den 70er Jahren.

Als könnten wir beide
uns gegenseitig halten
und schützen vor den Ansprüchen
und Erwartungen.

Ineinander gekuschelt
haben wir abgeschaltet und
nur das gemacht, was gerade passt.

Egal, was draußen passierte,
denn in dem Moment waren wir beide
gleichzeitig füreinander da.

Als gebe es kein Morgen,
keine Wochen, keinen Monat,
keine Jahre und keinen Plan.

Kleine Heimlichkeiten I

Kuss einer alten Liebe
verhallt im Raum.
Heimlich.

Lang ist´s her,
dass sich die zwei Münder
trafen.

Und doch scheint es
erst gestern gewesen zu sein,
als sie sich zum ersten Mal
„Ich liebe dich" sagten.

Vertrautheit mit einer immer
wiederkehrenden Entdeckungslust.
All das liegt in diesem einen Kuss.

Anziehungskraft

Zuerst haben sich unsere Blicke angezogen,
später dann haben wir uns
gegenseitig ausgezogen.

Nackt wurden wir vom Universum ausgewählt.
Haben uns geliebt, als würde es keinen
nächsten Morgen geben.

Aufeinanderliegend.
Zusammengeschweißt.
Als würden wir fliegen.

So wurden wir für kurze Zeit
mit der Materie eins
und fühlten uns in dem Moment
vollkommen befreit.

Liebestraum

Ach, wie schön doch das Leben wäre,
wenn ich an deiner Seite stünde
oder lieber unter dir liege und

mich mit dir vergnüge.
Deinen Atem auf meiner Haut spüre.
Liebkosungen hoch und runter,
was für ein tolles Wunder.

Kleine Heimlichkeiten II

An der grauen Häuserwand
lehnen sie ganz sanft.
Unbemerkt.
Wollen sich nicht lösen.
Schemenhaft,
zwei Gestalten
küssend
aneinanderhaltend.

Abdruck der Liebenden

Heißklebrig,
schwitzig leicht.
Unwahrscheinlich,
nahe gleich.

Deckenverhüllend für die Ewigkeit.
Wolkenförmig duftend,
traumhaft flüchtig.

Abdrücke hinterlassend
der Körperschaften,
die da lagen
und sich ineinander verhakten.

Zufall oder Schicksal?

Und dann gehen sie von dannen.
Jeder seine Richtung lang.
Streifen sich kurz.

Wie unwahrscheinlich
es doch ist,
zwei Menschen, die sich treffen
und beschließen
wir gehören zusammen.

Ein ums andere
wären nur ein paar Minuten
beim anderen mehr vergangen,
wer weiß, mit wem
wäre man dann wohl zusammen?

Körperknoten

Überkreuzte Beine,
Körper eng umschlungen,
ineinander gerungen.

Verzwirbelt & verzweigt,
ineinander gedrungen.
Und am Ende alles
ausgewrungen.

Wünsche

Ich wünschte
du wärst an meiner Seite,
würdest mich halten
oder einfach nur kurz verweilen.
Dich kurz an mich schmiegen
und alle Sorgen
würden einfach wegfliegen.

Fest & Flauschig

Deine Haut so weich,
wenn ich mit meinen Fingern
deinen Rücken entlang streiche.
Ich denke mir heimlich
so müssen sich Wolken anfühlen.

Will das kein Blatt
zwischen uns passt.
Will mit dir verschmelzen und eins werden.
Will deinen Körper
am liebsten zu jeder Stunde anfassen
oder einfach nur halten.

Und die kurze Lebenszeit
am liebsten für immer
in deinen Armen verweilen.

...

Ich will barfuß tanzen
und mit dir lachen.
Dich wild umher drehen
nur um dich dann wieder zu mir
zu ziehen,
um dir ein zartes Küsschen
in deine Nackenfalten
zu geben.

Zungenkuss

Meine Lippen
berühren deine Lippen.
Wer hätte das gedacht,
dass sie so zuckersüß
schmecken?

Und es lieben
sich gegenseitig mit der
Zunge zu lecken.

Sich aufeinander zu legen
und zu öffnen.
Sich gar zu beißen

und gleichzeitig
atmend aufeinander
zu halten.

Nähe

Unerwartet
umarmt.
Aneinandergeschmiegt,
festgehalten.
Barrieren fallen gelassen.
Klamotten weggekickt.
Hände, Arme, Beine,
Körper verknotet.
Und zwischendurch
im Schlafwachzustand
geliebt.

Lauer Sommerabend

Ein lauer Sommerabend,
rötlich leuchtendes Licht
legt sich auf die Stadt nieder.

Gardinen flattern
aus den Fenstern.

Dein Bett hat keine Decke,
unsere Füße berühren sich leicht,
kitzeln sich gegenseitig.

Und deine Umarmung
gibt mir gerade
so unglaublich viel Halt.

Sommersonnenliebe

Goldschimmernd
strahlt das Abendlicht
an die Fensterscheiben.

Unsere nackten Körper
spiegeln sich.
Unter – auf und
nebeneinanderliegend.

Und immer wieder liebend.

Versuch

Die leere Seite liegt vor mir.
Mit einem Stift
skizziere ich sanft deine Konturen.
Schaue ab und an auf,
nur um dich anzuschauen.

Mein Blick versinkt in dir.
Ich sauge deine Schönheit auf.
Sehne mich nach der Berührung
deiner nackten Haut.

Doch erst will ich
dich weiterzeichnen.
Deinem Ich auf meinem Papier
Leben einhauchen.

Dir zeigen,
was ich für dich empfinde.
Und dich ein bisschen festhalten
auf dem Papier, als Erinnerung
an die Liebe, die mich durchflutet
allein wenn ich dich anschaue.

Ich = Glücklich

Kopf an Kopf.
Körper an Körper.
Verbindung.

Schieben unsere Füße,
nein schweben unsere Schritte
leichter und leichter gen Himmel.

Geschlossene Augen,
pulsierende Herzen
im selben Takt.

Deine Finger klopfen
sanft an meinem Rücken.
Du schiebst mich von dir weg
und wieder zurück.

Die Musik durchflutet
mich und dich.
Ich = Glücklich.

Intimität

Ich möchte dich
in meiner Nähe haben.
Deinen Atem
in meinem Nacken spüren.

Ich möchte mich
einfach nur
umdrehen müssen,

um deine Hand zu nehmen
oder dein Gesicht
und deinen Körper zu berühren,

um dich dann von oben
bis unten
zu liebkosen.

Heimliche Liebe II

Du zwinkerst mir zu,
lachst mich schelmisch an.
Ziehst mich heimlich
an den Rand.

Versteckt zwischen
Mauerpfeilern
gibst du mir einen Kuss.

Heimlich ganz sanft
ein kleines Geheimnis
für uns beide.

Wer weiß für wie lange,
werden wir es für
uns behalten?

Glück

Ich bin so froh, dass wir uns gefunden haben
auf dieser großen weiten Welt,
in der es so unglaublich viele Menschen gibt.
Oh, ja ich bin so froh, dass du bei mir bist
und es wegen dir keine Einsamkeit
für mich mehr gibt.

...

Ich schicke dir ein Gedicht,
der den Duft
deiner Art mit Wörtern
versucht einzufangen.

Weil ich will alles
möglichst von dir behalten.
Deine Berührungen,
deinen Kuss auf meiner Stirn
oder auf meinem Mund
so verlockend zart.

Und doch ist alles nur
schemenhaft.
Kann nicht alle Wörter finden,
die dich beschreiben.

Vielleicht versuche ich es
morgen mal mit zeichnen.

Vermissung

Ich schließe meine Augen,
denke an dich.
Sehe dich in deinem Lieblingspulli
vor mir sitzen.

Grinsend mich anlachen
und wie kleine Schokoreste vom Kakao
noch ein bisschen an deinem Mund anhaften.

Will dich unbedingt küssen
und noch ganz andere Dinge
jetzt genau in diesem Moment
mit dir machen.

Doch dann fällt mir wieder ein,
es ist alles in meinem Kopf.
Du bist nicht hier
und ich bin nicht bei dir.

Liege dumm rum.
Allein auf meiner Fußbodenmatte
und die Gedanken kreisen weiter,
immer weiter umher.

Und kommen doch
irgendwie, wieso verdammt auch immer
wieder zurück zu dir.

Du hast mich aus dem Konzept gebracht.
Wusste nicht, dass es für dich so einfach ist
mich zu verführen.

Und meinen Kopf
so voll mit dir zu füllen.
Kann gerade an nichts anderes denken
als an dich, dich und nochmal dich.

Und verdammt, ja ich finde es gruselig.
Ich wache morgens
auf und spüre selbst in meinen
Träumen bist du da.

Verfolgst mich und ich weiß nicht,
ob ich bereit bin, für so viel DU in meinem ICH
und so viel ICH in deinem DU.
Doch eigentlich ist es schon zu spät.

Ich fange an mich zu verlieren
und kann nichts dagegen machen
und langsam und sicher
meine Komfortzone zu verlassen,
um dich immer mehr in meinem Leben zu zulassen.

Denn wenn ich es nicht versuchen würde,
würde ich mich am Ende des Lebens fragen,
was wäre, wenn ich dich nicht hätte
reingelassen.

Kitschkrieg

Wind bläst durch die Haare
lässt sie wild tanzen.
Hinter uns rauschen die Wellen
an die scharfen Klippenkanten.

Und wir starren in den Horizont,
der untergehenden Sonne entgegen
und inhalieren den Moment,
der so unglaublich
kitschig & romantisch ist.

WIR & UNS

Du und Ich.
Ich und Du.
Vielleicht ein Wir
oder ein Uns?

Stelle mir vor, wie das wäre,
ein Zusammen statt allein.

Und ich denke mir
heimlich und ganz leise,
wie schön, dass Wir in Uns
und das Uns in Wir

in meinen Ohren klingt.

Zeitvertreib

Ich kann nicht aufhören
von dir zu erzählen.
und heimlich in
mein Notizbuch zu schreiben,

wie schön ich den Tag
wieder einmal mit dir fand.
Will dich am liebsten
überall hin mitnehmen

und keine Zeit ohne dich verbringen,
denn wir können so gut
die Zeit zusammen vertreiben
und in Liebeslust verweilen.

Neuwelt

Ich halte sie fest, die Gedanken an dich.
Und deine Worte, die beim Vorlesen
neue Welten für mich formen.
Möchte diese Stunden festhalten,
wie ein Kamerabild.
Hoffentlich vergilben sie nicht.

Symbiose

Habe ich dir schon gesagt,
wie sehr ich deinen Körper mag?
Wie weich er sich anfühlt, wenn ich ihn streichele
und sich unsere Haut berührt?
Wie sehr ich es mag, deine Kurven mit meinen
Händen entlangzufahren?
Wie sehr ich es liebe dein Gesicht
in meinen Händen zu halten?
Und ich zuerst deine Stirn,
dann deine Augenlider küsse
und es sich jedes Mal für mich anfühlt
wie eine kleine Explosion der Sinne,
wenn sich unsere Lippen berühren
und wild knutschend sich in Symbiose
versuchen.

Lass uns noch...

Komm lass uns noch ein bisschen
länger liegen bleiben.

Noch ein bisschen länger
aneinander gekuschelt verweilen.

Noch ein bisschen länger
die Wärme unserer Körper spüren.

Noch ein bisschen länger
Guten-Morgen-Küsse geben.

Noch ein bisschen länger
die Augen schließen.

Und zurückfallen ins
träumende halluzinieren.

Unerwartet

Ich habe deinen Kuss
im Vorübergehen gespürt.

Leicht & sanft
und viel zu kurz.

Hatte die Augen
geschlossen.

Er kam so unerwartet
auf mich zugeflogen.

Genauso wie du in mein Leben
und nie wieder will ich dich

hergeben.

Freundschaftszeichen

Im Zeichen der Freundschaft
halte ich dich fest.

Liebkose deinen Körper,
wie ein großes Fest.

Streichle deinen Rücken.
Eng umschlungen.

Möchte dir in den paar Stunden,
die uns bleiben ganz doll zeigen,

wie gerne ich dich
an meiner Seite habe.

Freier Fall

Und wir lassen uns fallen.
Fallen ins Universum,
lassen alles andere sein.

Nur wir beide, alles andere
zählt nicht, ist egal.

Kann warten.
Unwichtig.

Nur du und ich.
Wir beide zusammen
unendlich.

FREIER FALL

Fragen

Ein Ausschnitt.
Abdruck.
Wirklichkeitsnah und doch so fern.
Nicht alles gesagt
und doch hätte ich gern
ein bisschen mehr von mir gegeben,
ein bisschen mehr gezeigt,

was ich bin,
was ich mag,
wie ich lebe,
was ich denke
und was ich gerne sag.

AN DICH

Doch du hast mich nicht gewollt.
Ein Abdruck ist geblieben.
Wirklichkeitsnah und doch fern.

Ach, wäre ich doch ein bisschen länger
in deinen Armen verblieben
und hätte ein bisschen mehr
von mir selbst preisgegeben.

Vielleicht nur vielleicht,
wärst du dann ein bisschen
länger geblieben?

Ziellos

Schritt.
Schritt für Schritt,
gehen wir aneinander vorbei.

Anstatt umzudrehen,
die andere Hand zu nehmen
und miteinander gemeinsam
in die richtige Richtung zu gehen.

Sommerspiegeltraum

Ich habe das Gefühl, dass ich lebe.
Mein Kopf sinkt langsam auf deine Schulter.
Endlich traue ich mich.
Eine Brise fährt durch meine Haare,
dein Arm hält mich sicher.
Der Himmel färbt sich rosafarbenlila.
Schlagloch, glitzernde Steinchen,
kaputter Spiegel, brennendes Rücklicht.
In meinen Händen halte ich
eine zerbrochene Liebe.

DU & ICH

Wir haben uns schon lange
nicht mehr gesehen.
Haben nichts mehr zu sagen,
als wir endlich wieder
voreinander stehen.

Was mal war ist jetzt vorbei.
Ich mag dich noch
und du mich auch.

Aber unsere Vorstellungen
sind zu verschieden,
um es nochmal zu riskieren.

DU & ICH
ICH & DU

Klang ganz gut für eine Weile.
Wir haben zusammen gelacht, geliebt,
geweint, geschwiegen.
Teilten Essen, schlabberige Schlafklamotten,
stinkige Socken.

Küssten uns da und dort und an dieser Ecke.
Schrieben Briefe über Dinge, die passierten
damit der andere ja nichts verpasste,
wenn wir für kurze Zeit getrennte Wege liefen.

Wollten alles Teilen und versuchten
gemeinsam auszuprobieren,

dass Wir,
dass Du und Ich,
dass Uns
zu versuchen.

Irgendwann haben wir realisiert,
dass das doch nicht so gut funktioniert.

Verrannten uns in die
Vorstellung das Uns umgab.

Fingen erst an uns zu widersprechen,
sprachen Wörter, die den anderen verletzten
und zerbrachen innerlich daran.

Wir redeten und redeten, um zu retten,
was es noch zu retten gab.
Doch eigentlich wussten wir da bereits,
dass das Ende naht.

Wir beschlossen eine Auszeit zu nehmen.
Getrennte Wohnungen, getrennte Leben.
Du machtest das und ich machte Dies.

Ich zog in eine neue Stadt
fand neue Freunde
und eine neue Arbeitsstelle.

Bis wir eines Tages beschlossen
uns wieder zu sehen.
Um es vielleicht
nochmal auszuprobieren.

Doch als wir uns
nach der langen Zeit gegenüberstehen
und uns dabei tief in die Augen sehen,

merken wir beide, dass unsere Zeit
abgelaufen ist.
Und dass wir nie wieder versuchen,

dass Wir,
dass Du und Ich,
dass Uns
auszuprobieren.

Abhängigkeit

Abhängen mit dir.
Mehr und mehr.
Jede Stunde, jeden Tag,
hänge ab.

Ab mit dir.

Wille
Sucht
Allein

Hänge ab,
weg mit dir.
Kalt.

Keine Abhängmöglichkeit
mehr mit dir.
Befreit.

Frame

I am picturing us.
Hiking some mountains,
sleeping under the stars.
Road-tripping to unknown places
and meeting new people and faces.

I am picturing us,
walking side by side.
Exploring each other inside
and discovering the outside
at the same time.

I am picturing us,
in the nature,
on the road,
in a room,
at a bar.

Somewhere together.

The Thing is,
I am the one
who is picturing us.

Dreamingly.
Sleepy.
Guess it is kinda romantically.

And you are the one
who don`t take part.

Cause it`s just me
who is picturing us.

In a frame
that doesn`t exist.

Heiße Tränen

Heiße Tränen
fließen
an roten Wangen.

Plitsch, platsch,
Klitschnass.
Tropf, tropf
herunter.

Gefühlsausbruch mit Zusammenbruch.
Zu verliebt, gebrochenes Herz.

Ignoriert.

Sehe dich Spaß haben.
Verloren.
Kein Wort gesprochen
Zerstört.

Gefühle ziehen mich runter.
Unter dir, neben dir, bei dir
heiße Wärme.

Ohne dich
verlassen, allein.
Eiskalt.

Gefühlsstimulation.
Mundwinkel nach oben ziehend,
grinse ich wie der dümmste Idiot.

Versuche so zu tun,
als wäre alles gut.
Doch innerlich laufen
die heißen Tränen weiter.

Plitsch, platsch
klitschnass.
Tropf, tropf
herunter.

Die ich im Dunkeln allein vergieße,
wenn ich dich sehe und wenn ich nachts
an dich denken muss.

Verzehrung

Ich liebe deinen Körper,
deinen Mund der Küsse hinterlässt.

Verzehre mich nach dir,
wenn du nicht neben mir bist.

Denke so oft an dich,
dass es schon fast unheimlich ist.

Wusste nicht, dass Vermissen
so unglaublich schwer ist.

Präsente Abwesenheit

Wenn ich die Augen schließe,
liegst du neben mir.
Umarmst mich ganz feste
und sanft zugleich.
Ich spüre deinen Atem
in meinem Nacken.
Ich drücke mich näher an dich.

Bis ich merke,

du bist gar nicht da.
Deine Abwesenheit
ist so präsent, dass es fast wehtut
die Augen aufzumachen.
Denn lieber will ich weiterträumen,
wie wir ineinander verknotet
uns halten und umarmen
und Küsse auf unseren Körpern
füreinander verteilen.

Schüchtern

Zu schüchtern dir zu sagen,
dass ich dich vielleicht
mehr mag als sehr gerne.

Dass ich dich noch näher
kennen lernen möchte.

Dass ich deine körperliche Nähe brauche.
Dein Lachen, deine Art
Dinge im Leben anzugehen.

Und du mir mit deinen Küssen
bitte noch ein bisschen mehr
von deinem wilden Leben einhauchst,

dass ich so sehr brauch.

Narben

Ich scrolle meine
Lieblingslieder runter.
Lese Titel für Titel.

Halte an, an den Songs,
die mich an dich erinnern.
Überlege, ob ich sie abspielen soll.

Doch es wäre zu krass.
Also klicke ich auf den Delete-Button.
Versuche alles zu löschen,
was mich an dich erinnert.

Denn noch sind die Wunden zu frisch.
Noch nicht verheilt.
Frische Krusten, die so schnell aufreißen können.

Noch tut es zu weh.
Und ich achte darauf,
sie nicht zu berühren.

Mein Schutzpflaster dagegen
ist alles zu vermeiden und zu löschen,
was du so gerne mochtest.

Und mit meinen Augen
deinen Blicken auszuweichen,
wenn wir uns zufällig begegnen.

Und zu hoffen,
dass die Wunden mit der Zeit
endlich verheilen.

Und nur noch hellweiße leichte Spuren
bei mir bleiben.
Wer weiß?

Bleib

Ich spürte deinen Kuss,
schnell und heimlich.
Wollte dir hinterherrufen,
Bleib hier bei mir.

Verweile.

Doch du gingst vorbei,
tatest so, als hätte ich nichts gemerkt,

zu ihr weiter.

Zurück blieb ich hellwach
Gedanken kreisend
mit tausend Fragezeichen.

Alles und Nichts

Ich will alles und nichts
zugleich.

Habe Entscheidungsschwierigkeiten.
Wiege ab, hoch und runter.

Habe ich mich dann endlich entschieden,
bist du schon verschwunden.

Grenzen

Ich habe die Grenzen abgesteckt.
Einen dicken fetten Zaun
um mich herum gebaut.

Und trotzdem hast du es geschafft
und mich einfach umgehauen.

Liege jetzt
schutzlos vor dir.

Und hoffe inständig,
dass es nicht umsonst war.

Und dass ich die Kraft haben werde,
wieder aufzustehen.

Um von vorne meine persönlichen
Grenzen zu ziehen.

Erinnerungen

Und ich gehe die Straßen entlang
an denen Erinnerungen
auf dem Asphaltboden
von uns kleben.

Ich nehme die gleichen Wege,
die gleiche Tram
und sehe die gleichen Orte
von damals.

Gefühle prasseln auf mich ein,
spüre einen Lufthauch neben mir
und denke es ist dein Atem.

Greife nach deiner Hand,
doch ich bin ohne dich hier.
Mit anderen Leuten zusammen.

Fast wie eine Parallelwelt
kommt es mir plötzlich vor.

Gleicher Ort, gleiche Umgebung
nur andere Begegnungen.

Und ich bin froh,
dass es nur Rückblende ist
in ein vergangenes Leben.

Doch manchmal,
wie gerade eben
denke ich an dich.

Und ich weiß,
dass wir uns wahrscheinlich
nie wiedersehen werden.

Und dennoch bin ich froh
über unsere damalige
Begegnung,

denn mit dir
will ich niemals wieder
zusammenleben.

Austauschbare Liebe

Ein Blick.
Funke.
Geredet,
gelacht.

Immer mehr
Sachen gemacht.

Gutes Gefühl,
wenn ich dich sehe.

Gutes Gefühl,
wenn du mich berührst.

Was fast weh tut,
wenn du in meiner Nähe bist.

Fast schön.

Geküsst,
gekuschelt,
halb verliebt
nicht ganz.

Rumgemacht,
mitten am Strand.
Nächte verbracht.
Arm in Arm.

Dann weggegangen.
Zukunftsweg
hat nicht gepasst.

Liebe ausgetauscht
durch Swipen.
Person ersetzt.
Anderen Kopf draufgemacht.

But I don`t
feel the love.

Loslassen

Geschlossene Augen.
Beat durchflutet mich.
Fühle alles wilder, lauter.
Mein Herz pulsiert.

Brennt.
Sehnt sich nach dir.
Will zusammen mit dir
tanzen.

Doch du bist nicht hier.
Verklebst meine Gedanken,
die einfach so unglaublich
voll sind mit dir.

Will alles wegtanzen.
Jede Berührung,
jeden Kuss,
jede Umarmung,
jeden Sex

mit dir vergessen lassen
und von vorne
anfangen.

Ohne dich in
meinem Hinterkopf
zu spüren.

Gedankenkarussel

Ich will nicht schlafen,
will noch nicht ruhen,
denn meine Gedanken rasen.

Sie rasen von dir zu mir
und wieder zurück
und ich habe tausend Fragen

offen.

An dich
und uns
und was
das Zwischen uns ist.

Bin unsicher,
verloren.
Suche halt
und manchmal
zu viel Halt bei dir.

Habe Angst, dich zu erdrücken
und mein Standbein das du für mich bist
damit zu verlieren.

Gehirnverstopfung

Alles ausgelutschte Wörter.
Mein Gehirn ist verstopft.
Will alles zu dir sagen
und trau mich dennoch nicht.

Bekomm Herzrauschen,
wenn du in meiner Nähe bist.
Und damit du es nicht merkst
lache ich laut,
versuche witzig zu sein.

Und gleichzeitig denkt sich mein Kopf,
was machst du da,
so bist du gar nicht,
reiß dich zusammen
trau dich und sag es endlich.

Realtalk-Dreamtalk

Was machen wir hier
fängst du plötzlich an
mich zu fragen?

Ich weiß es nicht,
doch steigen zwischen uns alte
Erinnerungen hoch,

wie gut man sich zusammen fühlte
und man zusammen lachen konnte
ohne darüber nachzudenken
was passieren könnte.

Doch hier mittendrin wollen wir real sein.
Keinen Scheiß bauen.
Drum baust du ein Gerüst,
dass die Gefahr zurückhält.

Und nach deinen ausgespuckten Worten
holen wir uns zurück in die reale Welt,
damit ja nichts passiert
und uns abzusichern

damit die Traumwelt
weiterhin hält.

HIMMELSSEGEN

Regentage

Und wenn es nass vom Himmel fällt,
graue Wolken weit und breit,
leuchten bunte Regenschirme
auf den regennassen Wegen.
Quietschen bunte Gummistiefel.
Pfützenspiegelbilder
leuchten dir entgegen
und eng aneinanderhaltend
Paare unter Regenschirmen.

Zusammenhalt

Und du legst deine Hand in meine.
Deine Finger halten sie sanft umschlossen
und es fühlt sich viel besser an
zusammen zu halten
als immer nur allein
voranzuschreiten.

Vertrauen

Offen alles rausgelassen,
Worte und Gedanken erzählt,
die sonst keiner weiß.
Vertraue dir,
lasse alles fallen.
Aufgefangen
in ein Netz
voller Geborgenheit.

Abstecher

Wir fahren und fahren.
Nehmen mit Absicht die falsche Richtung,
um zu verhindern
pünktlich und verabredet zu erscheinen.

Raus aus der Spießigkeit,
hinein in die Welt voller Glitzerstein.
Ein kurzer Stopp, auch das muss sein.
Weintrauben am Straßenrand
schmecken doch immer wieder fein.

Ein zweiter Stopp,
ein schimmernder See,
ein Weg hinunter
voller Stacheln und piksendem Gras.

Doch der Wille ist da,
bis ans Ufer kämpfen wir uns vor
und unten erwartet uns ein Boot
im schlickigen Moor.

Vom Schwimmen ist leider abzuraten,
doch der Ausblick im Boot ist dafür
unbezahlbar.

Und als die Sonne untergeht
ist es leider schon viel zu spät.
Schnell wird der Berg bestiegen

und als Zwischenüberraschung wird es
frische Pflaumen geben.

Zurück ins Auto,
Weiterfahrt durch die dunkle Nacht
zu Freunden, die mit etwas Essbarem warten.
Wer hätte das gedacht?

Doch am Schluss ist beiden klar,
das Leben ist einfach wunderbar.

Jetzt und Hier

Ich könnte mir grad
nichts Besseres vorstellen
als hier zu sein
nur mit dir allein
und einem Bier
oder einem guten Wein.

Liebesgießen

Der Buchstabengärtner
sät Wörter,
die von der Liebe erzählen.
Die wachsen,
wenn man sich umeinander bemüht,
die sprießen,
wenn man sich mit netten Menschen umgibt
und die blühen,
wenn man die kleinen Dinge
zwischen den Zeilen sieht
und in ihnen die vielen Varianten
der Liebe auf der Welt
erblickt und spürt.

Dankbarkeit

Ich öffne meine Hände,
mein Herz
und meine Seele,
für all die Gaben im Leben.

Für jeden Atemzug
und Wimpernschlag.

Für jeden Fußtritt,
der neue Wege geht.

Für jedes Lachen,
das in meinen Ohren nachhallt.

Für jeden Händedruck
und jede Umarmung
die Wärme, Geborgenheit
und Zuversicht gibt.

Für alle Gefühle & Emotionen
die mich durchfluten
und mich spüren lassen,
dass ich lebe

und jeden Tag aufs Neue
anderen meine Liebe zum Leben
mit einem Lachen, Lächeln oder Handschlag
weitergeben kann.

Träumereien

Und wenn die Tage dunkler werden,
schaue ich öfters aus dem Fenster raus.
Sehe der Sonne hinterher,
wie sie immer früher untergeht.

Und träume davon,
wie ich auf dem Roller
zum Meer fahre.

Du hinten drauf
und dein Gesicht
sich in meinem Rücken verkriecht,
um Schutz zu suchen vor dem Wind,
der uns beiden um die Ohren weht.

Ich habe dieses Bild
so gerne in meinem Kopf.
Und kann es kaum erwarten,
bis die Tage wieder wärmer werden

und wir beide zusammen
mit dem Roller dem Sonnenuntergang
und den guten Tagen hinterherfahren
und sich alles so unglaublich leicht,
wild und unbeschwert anfühlt.

Lebensfragen

Wieso sind wir auf der Welt?
Wer hat uns hierhin gebracht?
Und was sollen wir hier machen?

Fragen, die mir durch den Kopf ziehen.
Wie Rauchschwaben wabern sie umher,
verschwinden nicht, tauchen immer wieder auf.

Und ich weiß die Antworten
nach so vielen Jahren immer noch nicht.
Ich habe nur eine Ahnung, ein Gefühl.

Das Geben im Leben,
so viel wichtiger ist als Nehmen.

Und das Liebe die Magie zwischen uns Menschen ist,
die uns immer wieder verbindet und uns das Leuchten
in unseren Augen zurückbringt.

Hold the Moment

Manchmal läuft ein Lied
und es bringt mich zurück,
zurück zu den guten Tagen,
zu den Momenten,
wo ich damals schon
hoffte, bitte, bitte
lass sie niemals
enden.

Lass es für immer so
sein, wie es ist.
Denn es ist gut so, wie es ist.
Und ich denke, wir denken zu oft daran
was hätte sein können,
anstatt uns umzuschauen
und zu merken,
dieser Moment ist schon vollkommen.

Auf der Suche

Lange hatte ich sie verloren.
Wusste nicht, wohin sie ist.
Habe sie gesucht
auf der Straße,
in Kaffees
auf Reisen
und in vielen Büchern.

Doch sie war weg,
war schon verzweifelt,
ob sie vielleicht
niemals wieder kommt.

Doch dann kamst du
so plötzlich in mein Leben.
So unerwartet zufällig und ungeplant.
Und als ich dir zum ersten Mal
ins Gesicht sah, wusste ich,

ich habe sie endlich wieder gefunden.
Du hast sie zurückgebracht,
mit deiner unkonventionellen Art.
Hast mich rausgezogen,
mitgenommen zu neuen Abenteuern.

Manchmal schaukelnd durch die Nacht.
Oh, haben wir gelacht und
das Beste aus dem Leben gemacht.

Euphorie, die

durchfährt mich plötzlich.
Ein Kribbeln entlang des Körpers.
Fühle mich glücklich
ohne Grund.
Kann es kaum erwarten,
den Tag zu starten.
Mich dem Leben
hinzugeben.
Die vielen Möglichkeiten
zu erspüren und zu fühlen.
Neue Taten zu wagen.
Die Euphorie mit jemandem
zuteilen.
Will jeden anstecken mit dem
kribbeligen Gefühl,
das Euphorische in dir erwecken
das grundlos Glückliche
zu entdecken.

Treiben lassen

Starren in den Himmel,
zählen die Wolkentiere,
die über uns vorüberziehen.
Bauen Traumschlösser
mit unseren Wörtern
vom Leben
und wie es uns gefallen würde.
In Gedanken versunken,
versinke ich immer mehr in
deinen Armen.
Lasse mich treiben und will
nie damit aufhören
neuen Träumen
hinterherzujagen.

Tanzen

Ich lieb, wenn Hände sich nach dir ausstrecken.

Dich auf die Tanzfläche ziehen

und die Körper sich in

kürzester Zeit drehen

und sich umeinanderwinden.

Die Haare wild umherfliegen

und das Leuchten in den Augen,

das Lachen in den Mundwinkeln

mit jeder Drehung

ein Stückchen größer wird.

Himmelssegen

Vom Himmel fällt der Regen
mitten im August.
Doch wir tanzen weiter,
als hätten wir nichts
gespürt.

Schweiß verschmilzt mit Himmelswasser
und wir drehen uns
immer weiter und weiter.

Auf dem Asphaltboden
spiegeln sich die Leuchtreklamen
und die Tropfen fliegen
von unseren nassen Haaren.

Manchmal

Manchmal denke ich,
es ist gut so, wie es ist.

Denn ich weiß, nach schlechten Tagen,
werden die Guten kommen
und nach den Guten, die noch Besseren.

Und ich schaue mit dieser Zuversicht
auf dich und mich
und sehe uns zusammenhalten
und gemeinsam weiterreisen
auf dem Lebensweg der vor uns liegt.

Und freue mich Tag für Tag,
was dieses Leben uns noch für
Überraschungen macht.